Cómo lidiar con los ABUSADORES

Escrito por Cristie Reed

Consultor de contenido
Taylor K. Barton, LPC
Consejero escolar

Rourke
Educational Media

rourkeeducationalmedia.com

*Scan for Related Titles
and Teacher Resources*

www.rourkeeducationalmedia.com

PHOTO CREDITS: Cover: © MBI_Images; page 4: © Dawn Lackner; page 5: © Steve Debenport (top), © kristian sekulic (bottom); page 6: © Christopher O Driscoll; pages 7, 9, 14: © fstop123; pages 10, 15: © Svetlana Braun; page 11: © Tracy Whiteside; page 13: © Patrick Herrera; page 16: © manley099; page 17: © Steve Debenport; page 18: © Rudyanto Wijaya; page 20: © kali9; page 21: © Rmarmion; page 22: © GlobalStock

Edited by Precious McKenzie

Cover and Interior Design by Tara Raymo

Translation by Dr. Arnhilda Badía

Cómo lidiar con los abusadores / Cristie Reed
(Social Skills)
ISBN 978-1-62717-360-5 (soft cover - Spanish)
ISBN 978-1-62717-568-5 (e-Book - Spanish)
ISBN 978-1-62169-906-4 (hard cover) (alk. paper)
ISBN 978-1-62169-801-2 (soft cover)
ISBN 978-1-62717-012-3 (e-Book)

Rourke Educational Media
Printed in the United States of America,
North Mankato, Minnesota

Also Available as:

rourkeeducationalmedia.com

customersevice@rourkeeducationalmedia.com • PO Box 643328 Vero Beach, Florida 32964

CONTENIDO

¿QUÉ ES EL ACOSO O LA INTIMIDACIÓN?

Una niña de quinto grado difunde historias malintencionadas sobre otra niña de su clase. Cada mañana, camino a la escuela, un grupo de chicos grandes empujan y le dan patadas a otro chico más pequeño. Una niña de cuarto grado recibe todos los días crueles mensajes de texto de otra niña de la escuela. Todas estas situaciones son ejemplos de acoso o intimidación.

El acoso o la intimidación se produce cuando una persona intenta hacerle daño a otra. Los golpes, las patadas y los empujones son formas de abuso **físico**. Los insultos, las palabras crueles o las amenazas son formas de abuso **verbal**. El acoso o la intimidación es un acto intencionado. Un abusador es alguien que **atormenta** a otros una y otra vez.

HECHOS ACERCA DEL ACOSO O LA INTIMIDACIÓN

El acoso o la intimidación puede suceder en cualquier lugar, pero la mayoría de las veces ocurre en la escuela, en los pasillos, en las aulas, a la hora del almuerzo y en el área de recreo. Cualquiera puede ser un abusador: chicos, chicas, niños mayores o pequeños. El acoso se ejerce cara a cara y también a través de mensajes de texto, llamadas de teléfono y correos electrónicos. Cuando el abuso se produce a través de Internet o mediante teléfonos móviles, se llama ciberacoso.

Detén el ciberacoso

1. No respondas a mensajes de abuso ni por internet ni mediante el teléfono.
2. Habla con un adulto sobre ese tipo de mensajes.
3. Bloquea a la persona que envía mensajes de abuso.
4. Nunca compartas información personal tuya ni de otras personas en internet.
5. Pídele a un adulto que te muestre cómo protegerte cuando estés en línea usando Internet.

En el acoso o la intimidación intervienen el abusador, la persona de la que se está abusando y las personas que ven cómo ocurre, también llamados espectadores. Las tres partes sufren cuando se produce un abuso. El abuso puede empezar con burlas ofensivas. El abuso extremo puede llegar a daños en la propiedad y a serios daños físicos y mentales.

Los espectadores a menudo se sienten desesperados y culpables. Se debaten entre reportar o no el incidente.

EL ACOSO O LA INTIMIDACIÓN HACE DAÑO

El acoso es un tema muy serio. Produce daños emocionales y puede durar muchos años. El acoso provoca que las personas se sientan nerviosas, preocupadas y asustadas. Puede provocar pérdida de sueño y falta de apetito. Si el acoso dura mucho tiempo, puede causar serios problemas de salud. Cuando un niño es víctima de acoso o intimidación, puede empezar a sentirse deprimido y a evitar actividades de la vida diaria. Su rendimiento en la escuela puede disminuir. Las víctimas del acoso se vuelven tristes, solitarias y hasta pueden empezar a comportarse mal.

Señales de alarma

- Perder interés en el trabajo de la escuela o en las actividades favoritas.
- No querer ir al colegio.
- No sentirse bien.
- Comenzar a obtener calificaciones más bajas.
- Evitar compartir con sus compañeros.
- Sentirse triste, solitario, deprimido o enfadado.
- Pérdida de autoestima.
- Actuar de manera poco habitual, como ser agresivo.
- Llevar puesta ropa rota o rasgada o presentar lesiones sin explicación.
- Perder objetos importantes.

¿POR QUÉ ALGUNOS NIÑOS SON ABUSADORES?

Algunos niños quieren hacerles daño a otros para sentirse más importantes. Quieren ser más populares entre sus compañeros. Creen que haciéndoles daño a otros les ayudará a subir de estatus entre su grupo de amigos. Otros abusadores necesitan sentir que controlan la situación. Otros han sido víctimas de abuso anteriormente. Ahora hacen lo mismo con otras personas para sentirse mejor consigo mismos.

Los abusadores necesitan una víctima. Su posible
blanco son personas que parecen físicamente más débiles
que ellos. A veces buscan a alguien que es más pequeño
que ellos en tamaño o edad. Pero las víctimas no siempre
son de menor estatura. Los abusadores también buscan en
otros la debilidad emocional. Buscan víctimas con falta de
confianza en sí mismos o que parezcan tímidas.

Los abusadores se comportan de manera muy parecida a los depredadores del reino animal. Ellos buscan personas débiles y luego atacan.

LIDIANDO CON SITUACIONES DIFÍCILES

Hablar con un hermano o hermana mayor puede ayudar. Quizás también fueron víctimas del acoso en el pasado.

Los abusadores no esperan que les hagan frente. Pero tú puedes enfrentarlos y detener su cruel comportamiento. No tienes por qué hacerlo solo. Busca ayuda entre tus amigos, de tus padres y en la escuela. Ante un caso de acoso o intimidación todos deben unirse.

Si eres víctima del acoso o la intimidación debes seguir los siguientes pasos:

- Intenta mantener la calma.
- Dile al abusador que pare.
- Intenta ser valiente y marcharte.
- Intenta actuar como si no te importase.
- Evita al abusador.
- No andes solo. Mantente siempre con grupos de amigos.
- No intentes enfrentarte al abusador solo.
- No contraataques.
- No le respondas al abusador con gritos ni chillidos.
- No intentes solucionar el problema cometiendo abusos.
- Si eres testigo o víctima del acoso, busca ayuda.
- Cuéntaselo a alguien en quien confíes: habla con un amigo, con uno de tus padres o con un maestro.
- Trabaja junto a otros para encontrar la mejor solución al problema.

Estos pueden ser pasos difíciles de seguir, pero es importante intentar solucionar el problema y conseguir que pare el acoso antes de que vaya demasiado lejos.

Si alguna vez te enfrentas a una situación de acoso o intimidación, recuerda que no es culpa tuya. No estás solo. El acoso ocurre a todo tipo de personas y en cualquier lugar. Si alguna vez eres víctima o espectador, busca ayuda para que puedas actuar de forma responsable.

EL ACOSO

Sirve de ejemplo de cómo tratar de manera justa a otras personas.

Informa a los demás que tienes cero tolerancia ante los abusadores.

Al enfrentarte al acoso o a la intimidación te conviertes en defensor en lugar de espectador.

ELIGE LA AMABILIDAD

En algún momento de sus vidas, la mayoría de los niños dicen o hacen algo para hacerle daño a otra persona. Esto forma parte del crecimiento. Una persona puede ser cruel o hacer daño sin querer. Sin embargo, la mayoría aprende de sus errores. La mayor parte de la gente no sigue haciendo daño a otros intencionalmente. Eso es lo que marca la diferencia con los abusadores. Un abusador no muestra empatía por los demás. Su comportamiento cruel pretende hacer daño una y otra vez.

Es importante aprender a tratar a los demás con dignidad. Fíjate en cómo afectan a los demás tus palabras y tus actos. Es importante ser un buen amigo y mostrar amabilidad hacia los demás.

GLOSARIO

atormentar: causar molestias a otros deliberadamente

ciberacoso: abuso escolar intimidación que tiene lugar a través de teléfonos móviles o internet

deprimido: sentirse triste o apagado

dignidad: cualidad o forma de ser de una persona que la hace merecedora de honor o respeto

emocional: que tiene que ver con los sentimientos

empatía: entender los sentimientos de los demás

espectadores: personas que están en un lugar cuando le ocurre algo a alguien

físico: que tiene que ver con el cuerpo

hostigar: molestar o fastidiar a alguien deliberadamente

mental: que tiene que ver o que se hace con la mente

verbal: que tiene que ver con las palabras

ÍNDICE

PÁGINAS WEB PARA VISITAR

www.stopbullying.gov/kids

www.kidsturncentral.com/links/bullylinks.htm

www.pbskids.org/itsmylife/friends/bullies

ACERCA DE LA AUTORA

Christie Reed vive en la Florida con su marido y su perro, Rocky. Ella lleva 32 años trabajando como profesora y especialista en lectura. Espera que a todos los niños les guste leer. Ella cree que la lectura puede ayudar a las personas a superar cualquier problema, incluso uno tan grave como el acoso o la intimidación.

Meet The Author!
www.meetREMauthors.com